AF303388

LE DÉBARQUEMENT DE NORMANDIE

Overlord, l'opération décisive
de la Seconde Guerre mondiale

Par Mélanie Mettra
Sous la direction de Antoine Baudry
et Guillaume Henn

50MINUTES.fr

LE DÉBARQUEMENT DE NORMANDIE

INTRODUCTION

Le 6 juin 1944 à partir de six heures du matin, les forces alliées, composées majoritairement de troupes américaines, anglaises et canadiennes, embarquées sur d'imposants bâtiments transportant armes, chars et hommes, débarquent sur les plages de Normandie. « Neptune » est la première étape de l'opération « Overlord » destinée à porter le coup de grâce au IIIe Reich d'Adolf Hitler (1889-1945). Depuis la bataille d'Angleterre (août-octobre 1940) et l'armistice signé par la France en 1940, le théâtre des principaux combats entre la *Wehrmacht* (l'armée allemande) et les troupes alliées a quitté l'Europe de l'Ouest pour l'Europe de l'Est et l'Afrique. Après trois ans de victoires allemandes, les Anglais et les Russes, d'abord soutenus puis rejoints par les Américains à la fin de l'année 1941, progressent vers le cœur de la forteresse européenne grâce à une série d'opérations de débarquement. Après avoir repris l'Afrique du Nord, puis une partie de l'Italie, les Alliés visent désormais les côtes françaises afin de libérer les territoires occupés et de pénétrer jusqu'en Allemagne. Le débarquement du 6 juin 1944 ouvre la dernière phase, décisive, du second conflit mondial.

DONNÉES-CLÉS

- **Quand ?** Le 6 juin 1944
- **Où ?** Sur les côtes normandes de la Manche (Calvados et Cotentin)
- **Contexte ?** La Seconde Guerre mondiale (1939-1945)
- **Belligérants ?** Les Alliés contre le IIIe Reich
- **Acteurs principaux ?**
  - Bernard Law Montgomery, général britannique (1887-1976)
  - Dwight David Eisenhower, général américain (1890-1969)
  - Gerd von Rundstedt, maréchal allemand (1875-1953)
  - Erwin Rommel, maréchal allemand (1891-1944)
- **Issue ?** Victoire alliée
- **Victimes ?**
  - Camp allemand : environ 10 000 morts, blessés, disparus ou prisonniers
  - Camps des Alliés : environ 4 000 morts et 6 000 blessés

CONTEXTE POLITIQUE ET SOCIAL

UN CONFLIT MONDIALISÉ

Le débarquement du 6 juin 1944 est à la fois la première étape d'une opération de grande envergure destinée à mettre à mal les troupes allemandes ainsi qu'à libérer les territoires occupés, et l'achèvement d'une stratégie mise en place plusieurs années auparavant.

Après une campagne éclair débutée le 10 mai 1940, le maréchal Philippe Pétain (1856-1951) signe au nom de la France un armistice avec l'Allemagne le 22 juin.

Les Alliés continuent toutefois à combattre l'Allemagne, et l'Angleterre reçoit l'aide de l'URSS pour mener à bien son entreprise. Les deux pays bénéficient de la loi « prêt-bail », initiée par Franklin Delano Roosevelt (1882-1945), alors président des États-Unis, et votée par le Congrès en mars 1941, qui vise à les soutenir matériellement, tout en préservant le protectionnisme américain. Mais l'attaque de la base aéronavale de Pearl Harbor, le 7 décembre 1941, par les forces japonaises pousse les États-Unis à entrer en guerre. Tandis que les Américains combattent dans le Pacifique, les Russes affrontent les troupes allemandes sur le front de l'Est, en Crimée, dans le Caucase, et les Anglais font face à l'*Afrikakorps* du général Erwin Rommel en Afrique du Nord. Les forces de l'Axe maintiennent les Alliés en échec jusqu'à l'automne 1942, où la situation laisse entrevoir un renversement de situation.

BON À SAVOIR

L'Axe Rome-Berlin est une alliance qui a vu le jour le 23 octobre 1936 entre l'Allemagne et l'Italie. Quatre ans plus tard, l'acte dit de la tripartite – qui voit naître l'Axe Berlin-Rome-Tokyo – est signé. Par ce traité, les pays qui s'y rallient reconnaissent la domination :

- de l'Allemagne sur l'Europe ;
- de l'Italie sur la Méditerranée ;

- du Japon sur le Pacifique et sur l'Asie orientale.

Pour faire face à la menace grandissante qu'exercent ces pays totalitaires, de nombreux États se rassemblent et forment ce que l'on nomme « les Alliés ». On y retrouve notamment les États-Unis, l'Union soviétique et le Royaume-Uni – surnommés les « Trois Grands » – ainsi que la France libre à partir du 18 juin 1940, la Belgique, les États du Commonwealth (l'Australie, le Canada et la Nouvelle-Zélande) et les colonies britanniques, la Norvège, les Pays-Bas, la Pologne, la Yougoslavie et la Chine. Ces derniers se montrent assez solidaires et mettent en place des opérations majeures impliquant conjointement plusieurs pays, au contraire de l'Allemagne, de l'Italie et du Japon.

En Afrique, le général Bernard Law Montgomery remporte la victoire d'El-Alamein (en Égypte, octobre-novembre 1942) face à l'Allemand Erwin Rommel. En Europe de l'Est, la VIᵉ armée allemande de Friedrich Paulus (maréchal allemand, 1890-1957) capitule à Stalingrad (février 1943) et les troupes de l'Armée rouge commencent leur marche inexorable vers l'Allemagne.

Par ailleurs, l'industrie américaine accomplit une reconversion fulgurante dans la production d'armement de guerre, ce qui permet le renforcement des positions alliées dans les batailles navales de l'Atlantique et du Pacifique.

En Italie, le débarquement américain du 10 juillet 1943 marque la chute de Benito Mussolini (homme d'État italien, 1883-1945) et la signature d'un armistice entre le nouveau gouvernement italien et les Alliés (3 septembre 1943).

Malgré ces divers revers, la puissance de résistance de l'armée allemande maintient le conflit dans une tension extrême et l'issue reste toujours incertaine. Il apparaît de plus en plus pressant aux dirigeants des pays alliés de trouver une stratégie décisive et c'est à la conférence de Téhéran (novembre-décembre 1943) que sont jetées les bases de l'opération « Overlord ».

UNE STRATÉGIE D'ATTAQUES PÉRIPHÉRIQUES

Depuis 1942, Anglais, Américains et Russes s'accordent sur la nécessité de multiplier les fronts pour contrecarrer les visées d'Adolf Hitler, afin d'affaiblir la *Wehrmacht* et de soulager l'Armée rouge de la pression allemande sur le front de l'Est. Si Winston Leonard Spencer Churchill (1874-1965), Premier ministre anglais, souhaite privilégier les Balkans et l'Afrique du Nord – où se situent ses propres intérêts stratégiques, dont le canal de Suez –, il accepte, en gage de bonne foi envers ses alliés américains et russes, une intervention en Europe de l'Ouest.

Un premier débarquement a donc lieu en France, à Dieppe, le 19 août 1942. L'opération « Jubilee », essentiellement menée par les troupes canadiennes qui y perdent près d'un quart de leurs hommes, est une défaite pour les Alliés. La stratégie qui consiste à harceler la *Wehrmacht* sur différents points de conflit est néanmoins maintenue. Le 8 novembre 1942, des troupes américano-anglaises, soutenues sur place par la Résistance française, débarquent au Maroc et en Algérie, terres françaises défendues par les armées de Vichy et du IIIe Reich. L'opération « Torch » permet aux Alliés de prendre pied en Afrique du Nord et de mettre en échec les troupes d'Erwin Rommel.

Deux mois plus tard, Winston Leonard Spencer Churchill et Franklin Delano Roosevelt s'entendent sur de nouveaux débarquements, en Europe de l'Ouest cette fois, lors de la conférence de Casablanca (13-24 janvier 1943), dont Joseph Staline (homme d'État soviétique, 1878-1953) est absent. La première cible est la Sicile, avec en ligne de mire l'Italie de Benito Mussolini. Dès lors, le 10 juillet 1943, l'opération « Husky » ouvre la campagne d'Italie, close par l'armistice de Cassibile signé entre les Italiens et les Alliés le 3 septembre suivant. Cela n'entraîne toutefois pas le départ des Allemands qui continuent de défendre la botte italienne, repoussant sans cesse les Alliés jusqu'à la fin du conflit.

Pour vaincre la *Wehrmacht*, il convient maintenant de défaire la forteresse Europe dont la défense principale est le mur de l'Atlantique.

Le mur de l'Atlantique est un ensemble défensif mis en place à partir de 1941 par les Allemands sur les côtes de la Norvège, du Danemark, de l'Allemagne, des Pays-Bas, de la Belgique et de la France. Les principaux ports sont transformés en forteresses et des dizaines de milliers d'ouvrages (petits bunkers, pièces d'artillerie, etc.) sont disséminés sur les côtes.

À l'intérieur des terres, Erwin Rommel fait noyer les plaines basses et met en place ses fameuses « asperges », des pieux de bois plantés dans le sol, destinées à empêcher les atterrissages de planeurs et les largages de parachutistes. Il est également d'avis de disposer des divisions de chars blindés près des plages, pour repousser immédiatement toute tentative de débarquement, tandis que le maréchal Gerd von Runstedt préfère les positionner en retrait pour repousser les Alliés à l'intérieur du territoire lors d'une contre-attaque blindée. La controverse n'ayant pu être tranchée, trois divisions sont postées près des côtes, tandis que le reste demeure dans les terres. Toutes ces divisions ne peuvent toutefois être déplacées sans l'accord d'Adolf Hitler, ce qui engendrera de nombreux problèmes.

LES PRÉPARATIFS DE L'OPÉRATION « OVERLORD »

L'opération « Overlord » s'inscrit dans cette vaste stratégie de débarquements et de pénétration en des points cruciaux des territoires africain puis européen. Après quatre ans de conflit, il ne s'agit désormais plus de prendre l'armée allemande par la périphérie pour l'affaiblir, mais de passer à une attaque frontale.

Lors de la conférence de Casablanca, Winston Leonard Spencer Churchill et Franklin Delano Roosevelt posent les jalons d'une opération de grande envergure en France. Le COSSAC (*Chief of Staff to the Supreme Allied Commander*) est alors créé et chargé, sous la direction du général anglais Frederik E. Morgan (1894-1967), de la planifier pour le printemps 1944. Sous le nom de code « Overlord », l'opération doit se dérouler en deux temps :

- la première phase est l'opération « Neptune », qui prévoit le débarquement des troupes et du matériel par voie maritime ainsi que le déploiement d'hommes par voie aérienne – il s'agit de la phase d'assaut – ;
- la seconde consiste à consolider les têtes de pont créées et à repousser l'armée allemande à l'intérieur des terres – il s'agit de la bataille de Normandie.

Les plages normandes sont retenues comme lieu de débarquement avec les côtes britanniques comme base arrière, et ce pour plusieurs raisons :

- leurs fortifications sont moins importantes ;
- les Allemands ne s'attendent pas à être attaqués sur ce territoire tant éloigné du cœur de l'Allemagne.

La côte située entre la péninsule du Cotentin et le port du Havre est découpée en deux zones : l'une est attribuée à la *Western Task Force* américaine, la seconde à l'*Eastern Task Force* anglo-canadienne. Cinq plages sont choisies pour mener les opérations amphibies : Utah et Omaha sont attribuées aux troupes américaines ; Gold, Juno et Sword le sont aux Britanniques et aux Canadiens.

Du 28 novembre au 2 décembre 1943, lors de la conférence de Téhéran qui réunit pour la première fois les trois dirigeants alliés, Joseph Staline valide le projet américano-britannique, le préférant à la proposition anglaise de débarquement dans les Balkans et en Italie.

Le 6 décembre 1943, le SHAEF (*Supreme Headquarters Allied Expeditionary Force*), commandé par le général américain Dwight David Eisenhower, remplace le COSSAC et achève les préparatifs de l'opération « Overlord ».

Le plan d'attaque s'organise autour de trois objectifs principaux. Il faut tout d'abord soumettre les troupes à un entraînement intensif. Les exercices se déroulent en Angleterre, sur des plages choisies pour leurs similitudes avec celles de Normandie (Slapton Sands, Culbin Sands, etc.). La dernière répétition (l'opération « Exercise Tiger ») a lieu entre le 3 et le 9 mai 1944.

BON À SAVOIR

Lors des entraînements, des sous-marins allemands venus de Cherbourg et patrouillant dans la Manche ont rencontré les LST (*Landing Ship Tank*) transportant des hommes de la 4e division d'infanterie américaine et du 7e corps d'armée américaine qui devaient débarquer sur la plage de Slapton Sands. Le bilan de ce qui ne devait être qu'une répétition fut lourd : plus de 600 hommes ont perdu la vie, et trois LST furent détruits, compromettant la force de frappe des Alliés le Jour J.

La construction de ports artificiels, destinés à recevoir le ravitaillement en hommes, en matériel et en carburant pour la seconde phase de l'opération, est lancée dans l'estuaire de la Tamise.

Enfin, dans le même temps, il faut détourner l'attention de l'ennemi par une politique de désinformation massive. Le général Erwin Rommel, à la tête des troupes allemandes du groupe d'armées B chargé de défendre les côtes de la Manche depuis janvier 1944, s'attend à un débarquement, mais il ignore où il aura lieu. L'opération « Fortitude » s'emploie à le persuader qu'il se produira dans le Pas-de-Calais, proche des côtes anglaises. Cette vaste entreprise de désinformation dirigée par le colonel John Bevan (1894-1978) repose sur la volonté de convaincre l'ennemi que le débarquement en Normandie n'est qu'une diversion pour masquer une opération de plus grande ampleur qui prendra place dans le Pas-de-Calais. Pour ce faire, John Bevan a recours à tous les artifices, depuis la mise en circulation de fausses informations à la création d'une armée fantôme sur des terrains d'entraînement fictifs, en passant par l'utilisation de tanks gonflables exposés à la vue des avions de reconnaissance allemands. Ses efforts sont récompensés : l'armée allemande se concentre bel et bien sur les côtes du Pas-de-Calais.

Le 1er juin, la radio britannique BBC diffuse le premier message de lancement de l'opération « Overlord » à destination de la Résistance française pour l'avertir de l'imminence de l'attaque : il s'agit des premiers vers (« Les sanglots longs/ Des violons/ De l'automne/ Blessent mon cœur/ D'une langueur/ Monotone. ») du célèbre poème de Paul Verlaine (1844-1896) intitulé *Chanson d'automne* (1866).

ACTEURS PRINCIPAUX

DWIGHT DAVID EISENHOWER, GÉNÉRAL AMÉRICAIN

Né le 14 octobre 1890, Dwight David Eisenhower est originaire du Texas. Il grandit au sein d'une famille très modeste et entre en 1911 à l'académie militaire de West Point. Il sert pendant la Première Guerre mondiale (1914-1918) dans les centres d'entraînement des chars d'assaut. Remarqué par le général George Marshall (1880-1959), il est appelé par ce dernier à l'état-major de Washington en décembre 1941, juste après l'attaque de la base américaine de Pearl Harbor par les Japonais. Il devient rapidement chef adjoint de la section des projets d'opérations : il est chargé de l'élaboration des opérations militaires visant à défaire les troupes allemandes et à reconquérir l'Europe. Loin d'être un simple stratège, il participe également aux opérations qu'il planifie et joue un important rôle de médiateur entre les chefs militaires anglais et américains grâce à ses talents de diplomate. Il dirige le débarquement en Afrique du Nord en novembre 1942, puis ceux de Sicile et d'Italie de mai à septembre 1943. À la fin du mois de novembre 1943, il quitte la Méditerranée pour s'installer à Londres en tant que chef des forces alliées en Europe. À la tête du SHAEF, il participe à l'élaboration du plan « Overlord », et en particulier à celui du débarquement proprement dit. Là encore, il doit jouer les médiateurs entre les généraux qui participent à l'opération, le Britannique Bernard Law Montgomery, l'Américain George Patton (1885-1945) et le Français Charles de Gaulle (1890-1970). Initialement prévu le 5 juin, le débarquement est repoussé d'un jour à cause des mauvaises conditions climatiques.

Le succès de ses entreprises le conduit à diriger les forces de l'OTAN après la fin du conflit. En outre, il se présente à la présidence américaine en 1952. Il remporte l'élection qu'il remporte et renouvelle son mandat quatre ans plus tard. Sa législature est marquée par son habituelle diplomatie, en particulier dans les relations entre les États-Unis et l'URSS, alors en pleine guerre froide (1945-1990). Il meurt le 28 mars 1969.

BERNARD LAW MONTGOMERY, GÉNÉRAL BRITANNIQUE

Officier anglais né le 17 novembre 1887 d'un père pasteur, Bernard Law Montgomery se forme aux métiers des armes à l'école militaire de Sandhurst et prend part à la Première Guerre mondiale sur le front français, où il est grièvement blessé. Nommé général en 1937, il commande la 3e division britannique pendant la campagne de France. Envoyé en Afrique du Nord, sa première confrontation avec le maréchal allemand Erwin Rommel a lieu en 1942, en Lybie, où il est d'abord tenu en échec par les troupes de l'*Afrikakorps*. Il prend sa revanche lors de la bataille d'El-Alamein en Égypte. Après la victoire alliée en Afrique du Nord, il rejoint le général Dwight David Eisenhower en Sicile d'abord, puis à Londres, où il collabore avec le général américain pour la mise en place de l'opération « Overlord ». Il assure la direction des forces terrestres tout au long de la bataille de Normandie, malgré des relations houleuses avec Dwight David Eisenhower. Il participe ensuite à la conquête de l'Allemagne, où il commande après la guerre, entre 1945 et 1946, les troupes d'occupation britanniques. Il prend sa retraite en 1958, après avoir été commandant adjoint des forces de l'OTAN. Il meurt le 24 mars 1976.

ERWIN ROMMEL, MARÉCHAL ALLEMAND

Né le 15 novembre 1891 en Allemagne, Erwin Rommel devient lieutenant en 1912. Décoré de l'ordre du Mérite suite à ses faits d'armes pendant la Première Guerre mondiale, il reste dans la *Reichswehr* (forces armées allemandes autorisées par le traité de Versailles) comme instructeur dans différentes académies militaires. Il se montre très vite attiré par l'idéologie national-socialiste d'Adolf Hitler. Rejoignant le parti de ce dernier, il est successivement chargé de la garde personnelle du Führer et de l'entraînement des Jeunesses hitlériennes, puis est nommé général par le chancelier en août 1939 et suit ce dernier dans la campagne de Pologne (septembre-octobre 1939) avant d'être mis à la tête de la VIIe *Panzerdivizion* (division blindée). Il entre le premier en France, traversant la Meuse avec ses chars et lançant la course vers la Manche.

En février 1941, il est nommé commandant de l'*Afrikakorps* et remporte sur les troupes anglaises des victoires décisives qui lui valent le surnom de « Renard du désert » et le grade de maréchal. Rappelé par Adolf Hitler avant la victoire alliée en Afrique du Nord, il dirige les forces allemandes en Italie avant d'être chargé d'une mission d'inspection du mur de l'Atlantique à l'automne 1943. En janvier, il prend le commandement du groupe d'armées B, qui comprend toutes les forces allemandes basées entre les Pays-Bas et la Loire dont la mission consiste à protéger les côtes de la Manche. Conscient de l'imminence d'une opération américano-britannique sur ce territoire, il renforce les défenses du mur de l'Atlantique par l'installation de nouvelles batteries, le minage des plages, l'inondation des plaines et l'érection de forêts de pieux à l'arrière des côtes.

Le 6 juin 1944, persuadé que le mauvais temps empêchera toute tentative de débarquement, il se rend en Allemagne et c'est au cours de la fête d'anniversaire de sa femme qu'il reçoit le message l'informant de l'arrivée des troupes alliées. Il reprend aussitôt la direction de la France, où il est incapable de contenir la progression alliée. Déjà persuadé, comme d'autres officiers allemands, que le IIIe Reich n'est plus en mesure de gagner la guerre et que la paix doit être négociée, il participe à la préparation du complot contre Adolf Hitler, qui est opposé à toute reddition. L'ayant fait arrêter pour trahison, le Führer renonce à le faire juger en raison de sa grande popularité. Il lui intime toutefois l'ordre de s'empoisonner, ce qu'Erwin Rommel accepte de faire. Il meurt le 14 octobre 1944 près d'Ulm et bénéficie de funérailles nationales, afin de garder secret le complot.

GERD VON RUNDSTEDT, MARÉCHAL ALLEMAND

Né le 12 décembre 1875, Gerd von Rundstedt prend part à la Première Guerre mondiale et poursuit, après la fin du conflit, sa carrière militaire dans la *Reichswehr*, d'abord dans une division de cavalerie, puis dans la IIIe division de Berlin. Opposé à la social-démocratie, il n'est pas plus favorable au national-socialisme d'Adolf Hitler. Il prend sa retraite en 1938, mais il est rappelé sous les drapeaux un an plus tard lors de l'entrée en guerre de l'Allemagne. D'abord à la tête du groupe d'armées Sud qui participe à la campagne de Pologne, il est ensuite nommé, en décembre 1939, commandant du groupe d'armées A chargé de la campagne de France.

Grâce aux plans d'invasion de la France qu'il a élaborés avec son adjoint Erich von Manstein (maréchal allemand, 1887-1973), il remporte la victoire qui conduit à la capitulation française en juin 1940. Il gagne ensuite le front de l'Est où il prend, entre autres, les villes de Kiev et d'Odessa (Ukraine) à l'automne 1941. Mais, conscient de la force de l'armée russe et de la dureté de l'hiver, il refuse de lancer une offensive contre Moscou, conformément aux ordres donnés par le Führer, et démissionne le 30 novembre 1941.

Rappelé au début de l'année 1942 comme commandant en chef de la zone Ouest, il poursuit le renforcement du mur de l'Atlantique. Il est contraint de collaborer avec le maréchal Erwin Rommel alors qu'il est en profond désaccord avec lui quant à la conduite à tenir en cas de débarquement allié. Erwin Rommel prévoit en effet de repousser l'attaque directement sur les plages, alors que Gerd von Rundstedt préconise une stratégie de combat à l'intérieur des terres.

Suite au débarquement du 6 juin 1944 et à l'échec allemand, il conseille à Adolf Hitler de négocier la paix. Ce dernier le limoge en juillet 1944 et le remplace par Hans Günther von Kluge (maréchal allemand, 1882-1944). Rappelé à la tête du commandement de l'Ouest en septembre 1944, après le suicide de son remplaçant soupçonné de trahison, il est à la tête de la dernière grande offensive allemande menée dans les Ardennes en décembre 1944. Défait par les Alliés, il est à nouveau renvoyé. Capturé par les Américains, il est interné dans un camp de prisonniers britannique et est inculpé de crime de guerre. En raison de sa maladie cardiaque, il n'est finalement pas jugé et est libéré en 1949. Il meurt le 24 février 1953 à Hanovre.

ANALYSE DU DÉBARQUEMENT

UN DÉPART DIFFICILE

Au début du mois de juin 1944, l'opération « Neptune » semble compromise. Le débarquement qui a été programmé le 5 juin en raison des bonnes conditions de marée et de lune, nécessaires à la réussite de l'offensive, doit être repoussé car une tempête frappe la Manche depuis le 3 juin : Dwight David Eisenhower ne peut se résoudre à envoyer les navires et les troupes sur une mer impraticable et dans des conditions de combat épouvantables, mais il ne peut non plus ordonner à la flotte qui est déjà en place et prête à partir de faire machine arrière, risquant par là de retarder exagérément l'attaque et courant le risque d'être découvert. Pourtant, le mauvais temps, qui complique le débarquement, possède un atout inattendu : le maréchal Erwin Rommel, bien que parfaitement conscient de l'imminence d'un débarquement par la Manche, le considère impossible dans de telles conditions. Il quitte donc la France pour l'Allemagne afin de fêter l'anniversaire de son épouse et de rencontrer le Führer.

Finalement, face aux prévisions d'accalmie relative, le général américain donne l'ordre de départ le 5 juin, pour lancer le débarquement dans la nuit du 5 au 6. C'est une flotte d'environ 4 000 navires qui quitte les ports anglais, transportant près de 290 000 hommes placés sous le commandement de l'amiral Bertram Home Ramsay (1883-1945). De son côté, l'amiral Alan Goodrich Kirk (1888-1963) commande la *Western Task Force* américaine, qui doit accoster sur les plages d'Omaha et d'Utah, tandis que l'amiral Philip Vian (1894-1968) dirige l'*Eastern Task Force* anglo-franco-canadienne, qui doit aborder les plages de Sword, Gold et Juno.

LE DÉPLOIEMENT AÉRIEN

Alors que les navires quittent les côtes anglaises, l'aviation ouvre les opérations pour permettre aux troupes et aux chars de s'introduire rapidement à l'intérieur des terres. Celles-ci étant aux mains des Allemands, le déploiement de troupes aéroportées est donc essentiel pour prendre et sécuriser les points stratégiques : routes, ponts, villages, batteries d'artillerie, etc. Dans cette optique, les bombardements intensifs permettent d'affaiblir les forces ennemies, de gêner et de ralentir leur montée au front. Les Alliés frappent donc les objectifs militaires (batteries et stations radars menaçant les plages du débarquement) et civils (ports, usines, voies ferrées, réseaux de communication pour couper l'arrivée de renforts).

Les parachutages débutent dans les premières heures du 6 juin 1944, sur les flancs orientaux et occidentaux de la zone de débarquement. Près de 23 000 hommes s'élancent dans le ciel normand et plus de 15 000 tonnes de bombes sont larguées, grâce à une flotte de plus de 10 000 avions, planeurs et bombardiers. À minuit vingt, le pont de Bénouville, situé sur le canal de Caen, indispensable à la sortie des troupes anglo-canadiennes de la plage de Sword, est pris par les parachutistes britanniques (il sera surnommé Pegasus Bridge en leur honneur, leur emblème étant le cheval ailé Pégase). Si ces derniers réalisent des tours de force en prenant ponts et routes avec rapidité et efficacité, beaucoup perdent la vie au cours des combats, mais aussi parce qu'ils sont pris au piège dans les installations d'Erwin Rommel. Par ailleurs, certaines unités des 82e et 101e divisions aéroportées américaines, déportées par le vent, atterrissent à plus de 50 kilomètres de leur objectif et bon nombre d'entre elles se noient dans les marais. Cet éparpillement des hommes aux quatre coins du Cotentin et du Calvados contribue à créer une certaine confusion au sein de l'état-major allemand.

LE SAVIEZ-VOUS ?

John Steele (1912-1969) est un parachutiste américain, devenu célèbre pour son atterrissage sur l'église du village de Sainte-Mère-Église. À l'aube du 6 juin, alors qu'il amorce sa descente, John Steele est touché par une balle qui lui fait perdre le contrôle de sa trajectoire. Son parachute s'accroche dans les statues qui ornent le clocher de l'église. Il tente de se libérer, en vain. Alors que les combats font rage sur la place juste en-dessous de lui, il échappe aux tirs en faisant le mort. Il est cependant décroché au bout de deux heures par un soldat allemand et est fait prisonnier. Évadé quelques jours plus tard, il regagne l'Angleterre et reprend son affectation de parachutiste. Depuis, un mannequin le représentant orne aujourd'hui encore le clocher de Sainte-Mère-Église.

Les heures qui précèdent l'aube du 6 juin 1944 sont donc consacrées à ces parachutages intensifs, tandis que les navires approchent des plages. Les contingents allemands basés sur la côte normande se montrent de plus en plus inquiets de ces mouvements. Incrédules, les états-majors pensent qu'il s'agit d'opérations de petite envergure. Par conséquent, le général allemand Friedrich Dollman (1882-1944), à la tête de la VIIe armée, et le maréchal Gerd von Runstedt ne jugent pas nécessaire de mobiliser plus de troupes que celles déjà présentes sur le terrain. Le vice-amiral Karl Hoffmann, chef des opérations du groupe naval Ouest, redoute pour sa part une invasion de grande envergure. Les forces allemandes sont rapidement réduites, persuadées qu'elles étaient, grâce à la désinformation habile de l'opération « Fortitude », que le débarquement n'aurait pas lieu en Normandie.

L'armée allemande s'y trouve donc en infériorité numérique, ne comptant que 1 000 appareils, soit un dixième de la force aérienne alliée, et 40 000 soldats.

LE DÉBARQUEMENT

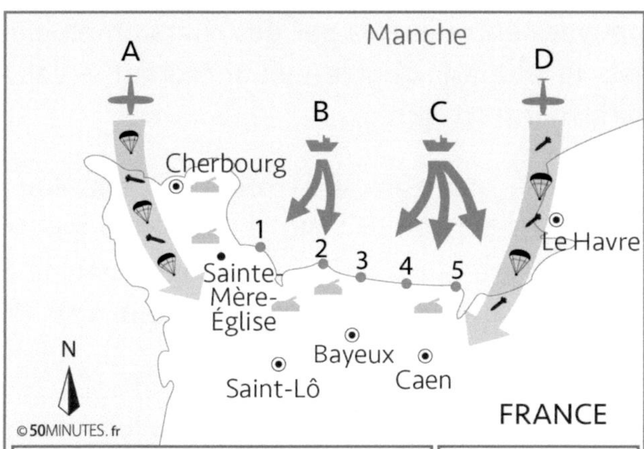

Batteries allemandes

Bâtiments alliés débarquant les troupes

Avions alliés bombardant et parachutant

Lieu et direction des bombardements et des parachutages alliés

Nom des plages

1. Utah
2. Omaha
3. Gold
4. Juno
5. Sword

A. Aviation américaine, 4 h du matin

B. Forces américaines, 6 h 30

C. Forces britaniques et canadiennes, 7 h 30

D. Aviation britannique, 4 h du matin

Le débarquement de Normandie

Vers 6 h 30 du matin, les troupes américaines débarquent sur la plage d'Utah et d'Omaha, appuyées entre autres par des chars amphibies. Mais la plupart d'entre eux sombrent à cause d'une mer trop agitée.

Une heure plus tard, les troupes britanniques abordent les plages de Gold, de Juno et de Sword. Durant toute la matinée, hommes et engins se succèdent sur les plages normandes sous les tirs des batteries.

Sur Utah Beach, suite à une erreur de navigation, les premières vagues d'assaut dérivent de leur objectif de deux kilomètres, ce qui les porte heureusement dans un secteur moins fortifié. Malgré le terrain largement miné et les tirs de la batterie de Crisbecq et d'Azeville, le débarquement d'Utah Beach se déroule selon les plans et les pertes n'excèdent pas 200 hommes (tués, blessés et disparus).

À la pointe du Hoc, la mission des 225 rangers (forces spéciales de l'armée de terre américaine) consistant à détruire la batterie qui surplombe la plage coûte la vie à 135 d'entre eux, alors même que les canons allemands avaient été enlevés depuis le mois d'avril.

Sur Gold Beach, là encore, les bombardements qui ont anéanti les deux batteries de Mont-Fleury et de la Marefontaine permettent le débarquement et la progression des 25 000 hommes des divisions britanniques. À la fin de la journée, les Anglais, qui ont perdu 400 soldats, effectuent la jonction avec les troupes canadiennes de Juno Beach. Ces derniers ont connu une journée beaucoup plus difficile que leurs alliés. En effet, les mauvaises conditions climatiques rendent la navigation problématique et les récifs dissimulés par la houle causent des pertes dès le débarquement des chalands. Une fois sur la plage, la marée recouvre également les mines, les rendant difficilement détectables. Des 21 000 Canadiens qui ont posé le pied sur Juno Beach, plus de 1 000 y perdent la vie et presque autant sont blessés ou portés disparus. S'ils ont pu effectuer la jonction avec les troupes de Gold Beach, un corridor encore aux mains des Allemands les empêche de faire la liaison avec les troupes britanniques de Sword Beach.

Mais les plus grandes difficultés sont rencontrées par les 1re et 29e divisions d'infanterie américaine à Omaha Beach, qui sera surnommée quelques mois plus tard Bloody Beach (c'est-à-dire la « plage sanglante »). Les bombardements préventifs n'ont pas réussi à venir à bout des fortifications allemandes qui s'y trouvent. La plage est elle-même semée de mines que les hommes du génie ont le plus grand mal à nettoyer, et la violence de la mer a occasionné la perte de la plupart des chars amphibies. À cela s'ajoute le fait que l'armée allemande est présente en nombre ce matin-là pour effectuer des exercices. La marée montante rend par ailleurs la grève, encombrée de cadavres et de carcasses d'engins, de plus en plus étroite. Il faut parfois plusieurs heures aux Américains pour progresser à l'intérieur des terres. Le bilan est très lourd : on estime à plus de 2 000 les pertes américaines sur la plage (tués, blessés ou disparus).

En mer, les navires de guerre doivent aussi faire face aux mines et à quelques bombardements de la Luftwaffe (l'aviation allemande), une fois la nuit tombée.

LES PREMIERS PAS VERS LA LIBÉRATION

Une fois arrivés sur les plages, les Alliés doivent désormais gagner les terres et prendre les villes et villages aux Allemands. Les premières communes à être libérées sont celles de Sainte-Mère-Église, puis d'Ouistreham et d'Arromanches-les-Bains.

La 3ᵉ division britannique, accompagnée des commandos français menés par Philippe Kieffer (1899-1962) et débarquée sur Sword Beach, a la lourde tâche d'enfoncer les défenses allemandes et de reprendre la ville de Caen, qui est bombardée à trois reprises dans la journée. Mais le sursaut allemand en empêche la prise. En effet, après une phase d'incrédulité qui retarde son intervention, l'état-major allemand mobilise ses forces blindées à partir de 8 heures du matin. Le temps de déplacer ces lourdes divisions, elles ne sont opérationnelles qu'en début d'après-midi. Si cela bénéficie largement aux Alliés, l'arrivée d'un contingent de la XXIᵉ *Panzerdivizion* devant Caen anéantit l'espoir des Britanniques de s'emparer de la ville avant la nuit. Elle ne sera reprise par les Alliés que le 20 juillet, après six semaines de violents combats qui endommagent fortement la cité médiévale.

Entre-temps, le maréchal Erwin Rommel, alors en Allemagne, est averti de la situation catastrophique. Il quitte aussitôt le pays, sans même voir Adolf Hitler, et regagne la France. Furieux du manque de réactivité de Gerd von Runstedt, et ayant eu la preuve qu'il aurait fallu conserver des divisions blindées sur les côtes et non en arrière, il se montre peu optimiste quant à la suite des événements, malgré les exhortations du Führer à résister à l'assaut des Alliés.

Au soir du 6 juin 1944, environ 150 000 soldats alliés débarquent en Normandie, parmi lesquels on dénombre environ 10 000 pertes, dont un tiers de tués. Du côté allemand, les pertes sont à peu près identiques pour trois fois moins d'hommes engagés. Si la préparation minutieuse et les leçons tirées des précédents débarquements permettent aux Alliés de mener à bien l'opération « Neptune », c'est aussi grâce aux failles du dispositif allemand qu'ils réussissent à aborder les côtes normandes. Les sous-marins allemands, encore mal équipés, sont très aisément repérables, ce qui facilite leur destruction avant qu'ils ne causent trop de dommages à la flotte anglo-américaine. Le désaccord entre Erwin Rommel et Gerd von Runstedt au sujet de la position des divisions blindées est également pour beaucoup dans le manque de réactivité de la *Wehrmacht*. Enfin, les officiers allemands sont toujours persuadés que le débarquement en Normandie n'est qu'une opération de diversion pour masquer une opération de plus grande ampleur, ce qui rend la riposte hésitante, de crainte de dégarnir un autre lieu plus stratégique.

LE SAVIEZ-VOUS ?

Le débarquement est couvert par une cinquantaine d'équipes de tournage, qui risquent leur vie au même titre que les soldats qu'elles accompagnent. Afin d'assurer la couverture cinématographique du débarquement, Dwight David Eisenhower engage le réalisateur hollywoodien George Stevens (1904-1974), qui connaîtra la célébrité dans les années cinquante avec ses deux films oscarisés, Une place au soleil (1951) et Géant (1956). Il dirige une équipe de plus de trente opérateurs chargés des actualités pour les pays alliés et filme en couleurs. Le photographe américain Robert Capa (1913-1954) est également présent, même si ses clichés auront moins de chance, puisque les laborantins chargés du développement endommageront la plupart des négatifs.

RÉPERCUSSIONS DU DÉBARQUEMENT

LA BATAILLE DE NORMANDIE

Dans la soirée du 6 juin 1944, l'opération « Neptune » se révèle être un succès : les pertes humaines sont plus faibles que ne l'avaient estimé les meilleures prévisions, et ce malgré l'échec de la prise de Caen. Mais il ne s'agit que de la première étape de l'opération « Overlord », dont le but final est la reddition de l'ennemi allemand et la fin de la guerre. Commence alors la bataille de Normandie, avec le déploiement progressif et en éventail des armées débarquées. La surveillance et les bombardements aériens alliés se poursuivent afin de combattre les unités allemandes et les repousser, pour continuer la progression vers les villes principales.

Les Alliés profitent de leur force : déjà en nombre, les renforts en hommes et en matériel arrivent régulièrement grâce aux opérations de débarquement sur les plages, mais également par le port artificiel Mulberry B, placé devant Arromanches et le port Mulberry A, situé devant Omaha Beach. Chaque jour, ce sont près de 30 000 hommes, 7 000 véhicules et 30 000 tonnes d'approvisionnement qui arrivent en Normandie. Le pipe-line Pluto reliant l'Angleterre et la France sous la Manche fournit le carburant nécessaire aux différentes activités.

De leur côté, les Allemands éprouvent plus de difficultés à rassembler leurs troupes. Arrivant en ordre dispersé, n'ayant pas le temps de se regrouper, harcelées constamment par l'aviation alliée et attaquées par la Résistance, les *Panzerdivizion* sont tenues en échec par l'imposante tête de pont alliée.

Bon à savoir

Le débarquement de nouvelles troupes, de matériel et surtout de carburant dépend entièrement de l'accès aux ports. Or la maîtrise des ports normands n'est pas garantie et les Alliés en font l'amère expérience lors du débarquement à Dieppe en 1942. Aussi, dès l'automne 1943 commence la construction de deux ports artificiels dans les chantiers navals britanniques. Avec plus de 15 kilomètres de jetées flottantes, 33 quais et 600 000 tonnes de béton, les ports Mulberry A et B sont une prouesse technique. Prévu pour entrer en service trois semaines après le débarquement, Mulberry A, situé en face de Saint-Laurent-sur-mer, est détruit par la tempête qui fait rage du 19 au 22 juin. Seul Mulberry B, placé en face d'Arromanches, est opérationnel dès le 14 juin. Des vestiges de ces installations sont toujours visibles le long du littoral normand.

Malgré la situation catastrophique et des pertes de plus en plus importantes, Adolf Hitler refuse les demandes pressantes de repli de ses maréchaux et les enjoint à tenir tête à l'ennemi. Le 12 juin, les Américains prennent Carentan, point stratégique dans la liaison entre le Cotentin et le Calvados. Le même jour, les premières fusées allemandes V1 sont lancées sur Londres et bombardent la ville sans relâche. Erwin Rommel, qui n'a pas l'optimisme du Führer, tente d'organiser la défense de Cherbourg, qu'il sait être la prochaine cible des Alliés et dont la prise serait une catastrophe pour les Allemands. Mais la majorité des chars est mobilisée pour faire face aux Britanniques à Caen. Les troupes américaines profitent de cette défaillance de la défense allemande pour gagner, le 21 juin, le port de Cherbourg, qu'elles enlèvent à l'ennemi cinq jours plus tard. Le 1er juillet, les Alliés prennent le contrôle du port qui peut accueillir, en renfort de Mulberry B, les navires de ravitaillement à partir du 17 juillet, le temps de réparer les installations portuaires sabotées par les Allemands.

À Caen, les hommes de Bernard Law Montgomery font le siège de la ville par une stratégie d'en-cerclement, mais ils se heurtent à la résistance acharnée des Jeunesses hitlériennes et des troupes SS. Les pertes humaines élevées (plus de 4 000 morts britanniques) provoquent l'arrêt de la manœuvre de siège au profit d'une ultime tentative de s'emparer de la ville. Faute d'artillerie suffisante, les Alliés ont recours à des bombardements systématiques qui détruisent l'essentiel de la division de la *Luftwaffe* chargée de protéger la région, les chars de la XIIe *Panzerdivizion* et la quasi-totalité de Caen. Le 20 juillet, la ville est reprise par les Alliés.

Or, malgré les quelques succès rencontrés, l'avancée des Alliés est lente, enlisée dans les bocages normands, gagnant laborieusement chaque mètre de terrain, d'abord vers le sud de la Normandie. À la fin du mois de juillet, ce sont Coutances et Avranches qui sont reprises à l'ennemi. Les troupes remontent ensuite vers le Nord, effectuant une manœuvre d'encerclement des troupes allemandes, leur coupant toute possibilité de retraite et ouvrant la route vers la Seine. Le 9 août, Le Mans est investi par les soldats américains et, le 12 août, ce sont les hommes de la 2e division blindée du général Philippe Leclerc qui prennent Alençon. Les Allemands sont désormais pris dans un étau entre les troupes américaines et françaises au Sud, britanniques à l'Ouest, canadiennes et polonaises au Nord, sur un territoire de 40 kilomètres sur 20 surnommé la Poche de Falaise, situé entre les villes d'Argentan, Vimoutiers et Trun, où les combats font rage entre le 12 et le 21 août. Les Alliés remportent la victoire au prix de lourdes pertes humaines. C'est la fin de la bataille de Normandie, les Alliés marchent désormais vers l'Allemagne.

LE DÉBARQUEMENT EN PROVENCE ET LA LIBÉRATION DE PARIS

La situation allemande est de plus en plus critique. Les troupes mobilisées pendant la bataille de Normandie se replient sur la Seine, puis vers l'Allemagne et les Pays-Bas. Dans le même temps, celles basées au Sud de la France doivent faire face à un nouveau front. Lors de l'élaboration du plan « Overlord », les Alliés ont également planifié l'opération « Anvil » (c'est-à-dire « enclume »). Celle-ci repose sur un débarquement en Provence, afin de libérer les territoires du Sud-Est de la France, de reprendre les ports de Marseille et Toulon, puis de remonter le long du Rhône et de prendre l'ennemi en tenailles en effectuant la jonction entre les armées d'« Overlord » et d'« Anvil ». Le 15 août 1944, près de 2 000 navires abordent les côtes entre Toulon et Cannes, soutenus, comme en Normandie, par un déploiement de parachutistes. En deux semaines, la Provence est libérée.

À Paris, l'annonce de l'arrivée imminente des Alliés par l'Ouest et par le Sud entraîne le soulèvement massif de la population contre l'occupant allemand, rébellion orchestrée par la Résistance. Celle-ci, se trouvant dans une situation périlleuse, fait appel aux troupes alliées, qui n'ont pourtant pas prévu de passer par Paris. Le général Philippe Leclerc, soutenu par Charles de Gaulle, mais sans l'aval de ses supérieurs américains, décide de marcher sur la capitale. La 2e division blindée entre dans la ville le 24 août 1944 et est rejointe le lendemain par la 4e division d'infanterie américaine, envoyée en renfort par Dwight David Eisenhower. Paris est enfin libéré.

Les Alliés, dont les armées venues de Normandie et de Provence effectuent leur jonction début septembre, prennent ensuite la direction de l'Allemagne.

EN RÉSUMÉ

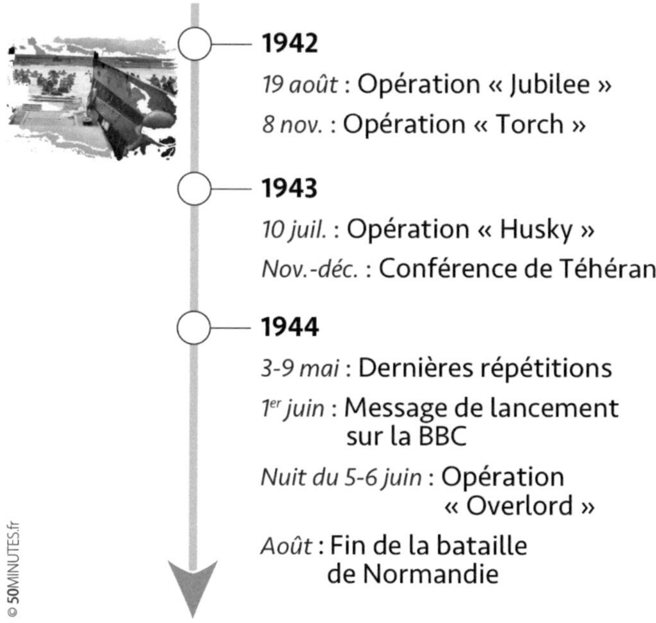

1942

19 août : Opération « Jubilee »

8 nov. : Opération « Torch »

1943

10 juil. : Opération « Husky »

Nov.-déc. : Conférence de Téhéran

1944

3-9 mai : Dernières répétitions

1er juin : Message de lancement sur la BBC

Nuit du 5-6 juin : Opération « Overlord »

Août : Fin de la bataille de Normandie

- Depuis 1940, la guerre entre les Alliés et l'Axe se déroule sur le front de l'Est et en Afrique du Nord, où les Alliés organisent en 1942 un débarquement qui permet de défaire l'*Afrika-korps* du maréchal Erwin Rommel.

- En 1943, à la conférence de Téhéran, les « Trois Grands » (la Grande-Bretagne, les États-Unis et l'URSS), s'entendent sur un plan de grande envergure, l'opération « Overlord », en vue de battre définitivement l'Allemagne en Europe. La première étape est un débarquement sur les plages de Normandie, prévu pour juin 1944.
- Le 5 juin, l'opération « Neptune », dirigée par le général Dwight David Eisenhower, est repoussée pour cause de mauvais temps.
- Le 6 juin juste après minuit commencent le déploiement aérien et les parachutages des forces alliées.
- À 6 h 30 du matin débarquent les premiers chars et les premières troupes alliées sur les plages normandes.
- 150 000 soldats alliés parviennent à débarquer, parmi lesquels on dénombre 10 000 pertes.
- Il s'agit ensuite pour les Alliés de reprendre les villes et villages occupés par l'ennemi. Sont d'abord libérées les communes de Sainte-Mère-Église, Ouistreham et Arromanches-les-Bains.
- La 3e division britannique a, quant à elle, la lourde tâche de libérer Caen. Mais, suite à la violence de la réaction allemande, les troupes alliées n'y parviennent que le 20 juillet.

- L'armée allemande est désormais acculée entre les troupes américano-françaises au Sud, britanniques à l'Ouest et canadiennes et polonaises au Nord. En août 1944 s'achève la bataille de Normandie, qui ouvre la route de l'Allemagne aux Alliés.

POUR ALLER PLUS LOIN

SOURCES BIBLIOGRAPHIQUES

- AZÉMA (Jean-Pierre), PAXTON (Robert), BURRIN (Philippe), *Le 6 juin 1944*, Paris, Perrin, coll. « Tempus », 2004.

- BEAUPRÉ (Nicolas), Les grandes guerres. 1914-1945, Paris, Belin, coll. « Histoire de France », 2012.

- BOURNIER (Isabelle), *Le débarquement et la bataille de Normandie. Du 6 juin 1944 à la libération de Paris*, Brest, Éditions Ouest-France, 2013.

- KEMP (Anthony), 6 juin 1944. *Le débarquement en Normandie*, Paris, Gallimard, 2004.

- LECOUTURIER (Yves), *Les plages du débarquement*, Brest, Éditions Ouest-France, 2011.

- WIEVORKA (Olivier), *Histoire du débarquement en Normandie. Des origines à la libération de Paris. 1941-1944*, Paris, Points, coll. « Histoire », 2010.

SOURCES COMPLÉMENTAIRES

- « 6 juin 1944 – Débarquement de Normandie – Jour-J, D-Day », in *La Bataille de Normandie.* http://www.dday-overlord.com/debarquement_norman-die.htm

- BEEVOR (Anthony), *D-Day et la bataille de Normandie*, Paris, Calmann-Lévy, 2009.

- BERTIN (Philippe), *Histoires extraordinaires du jour le plus long*, Rennes, Éditions Ouest-France, 2004.

- CARELL (Paul), *Ils arrivent ! Le débarquement vécu du côté allemand*, Paris, Robert Laffont, 1962.

- DEQUESNES (Rémi), *Normandie 1944. Le débarquement et la bataille de Normandie*, Rennes, Éditions Ouest-France, 2009.

- GUENO (Jean-Pierre), PECNARD (Jérôme), *Paroles du Jour J. Lettres et carnets du Débarquement. Été 1944*, Paris, Éditions 84, 2004.

- LAGADEC (Yann), « Actions spéciales et transmissions, les opérations de l'été 1944 en France », in *Revue historique des armées*, n°251, 2008, p. 112-135.

- « Normandie mémoire », in *Espace officiel de l'espace historique de la bataille de Normandie*. http://www.normandie44lamemoire.com/

- « Opération Overlord », in *L'Histoire*, n°287, 2004.

- RICHARD (Béatrice), « 70 ans après, le raid de Dieppe revisité », in *Revue historique des armées*, n°266, 2012, p. 40-51.

- « Site officiel du musée mémorial d'Omaha Beach », in Musée mémorial d'Omaha Beach. http://www.musee-memorial-omaha.com/index.php

- Van Der Vart (Dan), *Jour J. Le plus grand débarquement. Une histoire d'hommes*, Bruxelles, Éditions
  Racine, 2003.

LITTÉRATURE

- Ambrose E. (Stephen), Frères d'armes, 2004.

- Burgett R. (Robert), Dix jours en enfer, 1967.

- Collins (Larry), Fortitude, 1994.

- Perrault (Gilles), Le Secret du jour J, 2004.

- Ryan (Cornélius), Le Jour le plus long, 1959.

FILMS, SÉRIE ET DOCUMENTAIRES

- *Le Jour le plus long*, film de Ken Annalin,
  Andrew Marton et Daryl F. Zanuck, avec
  John Wayne, Henry Fonda et Richard Burton,
  États-Unis, 1962.

- *Histoires parallèles*, documentaire de Marc Ferro,
  France, 1994.

- *Il faut sauver le soldat Ryan*, film de
  Steven Spielberg, avec Tom Hanks, Matt Damon et
  Edward Burns, États-Unis, 1998.

- *Ils ont filmé la guerre en couleur*, documentaire de
  René-Jean Boyer, France, 2000.

- *Band of Brothers*, série télévisée en 10 épisodes de
  Tom Hanks et Steven Spielberg, États-Unis, 2001.

- *6 juin 1944, ils étaient les premiers*, documentaire de Jean-Michel Vecchiet, France, 2013.

MUSÉES ET BÂTIMENTS COMMÉMORATIFS

- Le cimetière américain, Colleville-sur-Mer (France).

- Le cimetière militaire allemand, La Cambe (France).

- Le mémorial de Caen (France).

- Le musée du Débarquement, Arromanches (France).

- Le musée mémorial d'Omaha Beach, Saint-Laurent-sur-Mer (France).

- Le musée mémorial de la Bataille de Normandie, Bayeux (France).

- Le site de la Pointe du Hoc (France).

- Les vestiges des bunkers et des batteries, situés tout au long des côtes normandes, à Mont Canisy, à Longues-sur-Mer, à Azeville, à Maizy, etc. (France).

- Overlord Museum, Colleville-sur-Mer (France).

- Utah Beach, musée du Débarquement, Sainte-Marie-du-Mont (France).

Votre avis nous intéresse !
Laissez un commentaire sur le site de votre
librairie en ligne et partagez vos coups de cœur sur
les réseaux sociaux !

www.50minutes.fr

ISBN ebook : 978-2-8062-5421-4
ISBN papier : 978-2-8062-5602-7
Dépôt légal : D/2014/12603/26
Photo de couverture : *Débarquement à Omaha Beach*.
Image réputée libre de droits.

Conception numérique : Primento,
le partenaire numérique des éditeurs